EL LIBRO DE LOS SÍMBOLOS

Rudolf Koch

EL LIBRO DE LOS SÍMBOLOS

EDICIONES OBELISCO

Si este libro le ha interesado y desea que le mantengamos informado
de nuestras publicaciones, escríbanos indicándonos qué temas son de su interés
(Astrología, Autoayuda, Psicología, Artes Marciales, Naturismo,
Espiritualidad, Tradición…) y gustosamente le complaceremos.

Puede consultar nuestro catálogo en www.edicionesobelisco.com

Colección Estudios y Documentos
EL LIBRO DE LOS SÍMBOLOS
Rudolf Koch

1.ª edición: julio de 2021

Título original: *The Book of Signs*
Traducción: *Juli Peradejordi*
Diseño de cubierta: TsEdi, Teleservicios Editoriales, S. L.

© 2021, Ediciones Obelisco, S. L.
(Reservados los derechos para la presente edición)

Edita: Ediciones Obelisco, S. L.
Collita, 23-25. Pol. Ind. Molí de la Bastida
08191 Rubí - Barcelona - España
Tel. 93 309 85 25
E-mail: info@edicionesobelisco.com

ISBN: 978-84-9111-755-1
Depósito Legal: B-7.955-2021

Impreso en los talleres gráficos de Romanyà/Valls S. A.
Verdaguer, 1 - 08786 Capellades - Barcelona

Printed in Spain

1. Signos generales

El punto es el origen del que surgen todos los signos, así como su esencia más íntima. Ateniéndose a esta idea, las logias masónicas de la antigüedad expresaron el secreto de sus hermandades por medio del punto.

En el trazo horizontal, por otra parte, vemos a la tierra donde fluye la vida ininterrumpidamente y todo se mueve en el mismo plano.

El trazo vertical representa a la unidad de Dios o de la divinidad en general. También simboliza al poder descendente que viene de lo alto hacia la humanidad, o, en dirección opuesta, el deseo de la humanidad por las cosas elevadas.

El ángulo es la expresión del encuentro entre lo celeste y lo terrestre. Y como no poseen nada en común, las dos líneas se tocan pero no se cruzan. Este signo representa la reciprocidad entre dios y el mundo. En las logias masónicas de la edad media el ángulo recto era un símbolo de justicia y de integridad.

En el signo de la cruz están en armonía combinados Dios y la tierra. A partir de dos simples trazos ha evolucionado un signo completo. La cruz es, con mucho, el más antiguo de todos los signos que podemos encontrar por todas partes, al margen de cómo se concibe dentro del cristianismo.

El círculo, al carecer de principio y de final, es también un signo de Dios o de la eternidad. Por otra parte, en contraste con el próximo signo, es el símbolo del ojo durmiente de Dios: «el espíritu de Dios se movía sobre la superficie de las aguas».

El ojo vigilante de Dios, el objeto de la revelación: «y Dios dijo: hágase la luz».

El elemento pasivo femenino que estuvo aquí desde el principio de las cosas. «Y Dios separó las aguas que permanecían debajo del firmamento de aquellas que estaban encima del firmamento.

El elemento activo masculino, que viene de arriba. La efectividad del tiempo: «y Dios separó la luz de las tinieblas».

En cuanto al elemento masculino, prevalece sobre el femenino y tiene lugar la creación, ya que todo lo que pertenece al mundo viviente está formado por lo masculino y lo femenino. En épocas pasadas, tanto en oriente como en la mitología de los países nórdicos, este signo de la cruz rodada fue un símbolo del Sol.

El triángulo es el emblema egipcio de la divinidad, y también un símbolo pitagórico de la sabiduría. En el cristianismo se le considera un signo de la triple personalidad de Dios. También, distinguiéndolo del signo que viene a continuación, es otro emblema femenino el cual se apoya firmemente sobre cuestiones terrenales, pero anhela vivamente cuestiones más elevadas. En su concepción más profunda, lo femenino es siempre terrenal.

El triángulo que se sostiene sobre un vértice es el elemento masculino que, por su naturaleza celestial, va en búsqueda de la verdad.

Estas figuras triangulares una encima de la otra y una que toca a la otra en su vértice, forman una nueva figura totalmente nueva en apariencia. Sin embargo, observemos que en esta conjunción no ha sido modificado ninguno de los triángulos.

Cuando, prosiguiendo su movimiento, uno de ellos pasa a través del otro, se ve alterada la naturaleza de ambos y prácticamente obliterada. Se ha alzado un complicado modelo, totalmente simétrico, con nuevas y sorprendentes secciones y correlaciones, los seis pequeños y distintos triángulos se han agrupado armónicamente alrededor del hexágono central. Una nueva y hermosa estrella ha aparecido, y cuando examinamos la figura con un poco más de detalle vemos que los dos triángulos primigenios mantienen todavía su individualidad. Esto es lo que se da cuando en un matrimonio perfecto se funden el hombre y la mujer.

Veamos ahora el movimiento de los triángulos un paso más, cuando dan un cuadrilátero. Dos triángulos que tienen una base común, pero, como en el principio, sus vértices vuelven a señalar direcciones opuestas. La figura es una simple suma de los dos triángulos que descansan juntos pero están liberados el uno del otro. Este signo también representa a los cuatro evangelistas.

El cuadrado es el emblema del mundo y de lo mundanal. Es completamente distinto del triángulo y es el símbolo cristiano de la mundanidad. En él vemos simbolizado al número cuatro, que tiene una gran variedad de significados como: los cuatro elementos, las cuatro esquinas del cielo, cuatro evangelistas, los ríos del paraíso.

Tres triángulos cuyos vértices se tocan en un punto central, formando una figura nueva. Se trata de un viejo símbolo de la divinidad. Más allá de él no es posible saber nada.

La horqueta es un símbolo medieval de la Trinidad, pero también el emblema pitagórico del camino de la vida. En su forma de senda ascendente se bifurca en dos direcciones, una hacia el bien y otra hacia el mal. Este signo tiene un origen muy antiguo y probablemente está conectado con el signo siguiente.

He aquí un viejo emblema del Sol con tres rayos. Los trazos que se hallan al final de cada uno de estos rayos simbolizan la bóveda celeste.

El pentagrama, una estrella de cinco puntas hecha con un solo trazo: este signo, como muchos otros que aparecen aquí, pertenece a los albores de la humanidad, y ciertamente es muy anterior a la escritura. Este tipo de signos son los documentos humanos más antiguos que poseemos. El pentagrama ha tenido diferentes significados a lo largo de la historia del hombre. Los pitagóricos lo llamaban Pentalfa y los sacerdotes celtas «pie de bruja». También es el sello de Salomón conocido durante la Edad Media como la cruz del trasgo. Representa también los cinco sentidos; el principio masculino y el femenino convergen en él gracias al acuerdo de los cinco puntos.

Entre los druidas era el signo de la divinidad, mientras que entre los judíos significaba los cinco libros de Moisés. Se creía que este signo era una protección contra los demonios y, por analogía, un símbolo de seguridad. Se creía que era un protector de la felicidad en el hogar cuando se empleaba como amuleto. En la antigüedad fue un hechizo mágico entre los pueblos de Babilonia.

El octograma o estrella de ocho puntas dibujada con un solo trazo. No se conoce la explicación de este signo.

La Horca. Este signo, sobre el que volveremos más adelante, tiene por significado el alma expectante, el hombre que contempla lo superior con los brazos en alto.

El mismo signo invertido, en contraste con el anterior, expresa la salvación que desciende de arriba para esparcirse por el mundo de abajo.

Los dos principios forman una nueva figura. Al tocarse, forman una nueva forma que encierra un espacio vacío entre ellos.

Hacen una intersección, y vemos los dientes de la horca aparecer ahora en la figura.

La intersección ya se ha completado y ha resultado otra estrella de seis puntas. Las figuras originales, tan precisas en su impulso para formar la unión, han sido completamente absorbidas por la nueva figura, que irradia fuerza hacia todas partes desde un punto central, y que a pesar de ser inmóvil produce movimiento a su alrededor.

Los cinco últimos signos se referían al destino del alma, los cinco siguientes simbolizan la naturaleza del intelecto humano.

Intelecto pasivo.

Intelecto activo.

El intelecto en acción.

Intelecto creativo.

Intelecto desordenado.

Las tres líneas, ya sean verticales u horizontales, se muevan juntas o de forma independiente, no consiguen nada, emergen del vacío y vuelven al vacío de donde vinieron. Sólo el intelecto creador encierra un espacio y una forma definida, las tres líneas sin cuerpo se convierten en un objeto real cuyo símbolo es triángulo. Cuando el intelecto se dispersa, la figura se disuelve una vez más y las líneas vuelven al vacío, cortándose unas a otras en un desgajamiento general.

A continuación, una serie de signos que ilustran las vicisitudes de la vida familiar:

Hombre.

Mujer.

Hombre y Mujer unidos para la procreación.

La mujer se queda embarazada.

y da a luz a un niño.

La familia; el hombre con su mujer y sus hijos.

Aparte de la vida familiar, existe la amistad entre los hombres.

Los hombres discuten y se pelean.

El hombre muere.

La viuda y sus hijos.

Muere un hijo.

La madre desamparada con el hijo que le queda.

La madre muere, dejando

un niño superviviente, que lleva en sí mismo el germen de una nueva familia.

La verdadera esencia de los sexos y sus relaciones, y los principales incidentes privados de la vida familiar, se muestran en la forma más inspirada en estos signos, y sería imposible revelar la simple historia de la vida de la humanidad más lúcidamente con palabras.

La siguiente serie de signos ilustra la grandeza y el ocaso de la vida humana.

El niño no nacido.

Desde el momento del nacimiento, la vida interior comienza a desarrollarse; el círculo es el cuerpo que la envuelve.

La trinidad de cuerpo, mente y alma se manifiesta ahora plenamente. La esencia inmoral, el alma, es el punto del centro. El círculo interior representa la vida intelectual, la mentalidad del hombre, mientras que el círculo exterior representa al hombre corporal.

El intelecto se desordena y vuelve su fuerza contra sí mismo y contra el cuerpo.

Rompe los confines de su marco mortal y el hombre muere, con lo que el alma se queda sin hogar y vuelve al lugar de donde salió.

El signo de la simple actividad. Los esfuerzos de la humanidad llenan el espacio que se les asigna, recorriéndolo en su totalidad.

Las actividades multiformes de la humanidad se muestran repitiendo la figura anterior varias veces, en compartimentos diferentes.

Orden. El cuadrado es en sí mismo un signo de orden, y encaja perfectamente en una figura similar, y ese es también el principio fundamental de todas las cosas con las que nos rodeamos.

He aquí la destrucción, o el desorden, en el que desaparece toda concordia, y la confusión ocupa el lugar de la armonía.

El tríceps, un antiguo signo nórdico. Un símbolo de poder celestial. Al trazar su perímetro desde el vértice hasta la cúspide nos damos cuenta del significado de las palabras: «La Voluntad de Dios, descendiendo sobre el mundo, se balancea de un lado a otro sobre la Tierra y vuelve de nuevo a lo alto».

2. La Cruz

La Cruz latina, *Crux ordinaria*, en los primeros tiempos se la llamaba «la marca de Dios». Es el emblema más exaltado de la fe cristiana, el signo de todos los signos. La mayoría de signos en el mundo occidental se basa en la forma, o parte de la forma de la Cruz, ya sean monogramas imperiales, signos masónicos, signos familiares, símbolos químicos o marcas comerciales.

La Cruz de San Pedro. Según la leyenda, San Pedro murió en una Cruz invertida.

Cruz de San Andrés, sobre la que San Andrés sufrió la muerte de un mártir. También llamada *Crux decussata*. La Cruz fronteriza de los romanos, derivada de la Cruz que utilizaban como barrera.

Cruz de San Antonio o egipcia; *Crux commissa*. También se llama Cruz Tau, de la letra griega «T», tau. San Francisco la utilizaba como firma.

La Cruz griega, *Crux immissa quadrata*, de la cual y de la Cruz latina se derivaron en la Edad Media las siguientes formas con fines heráldicos:

Cruz triangulada.

Cruz de Malta.

Cruz botanada o atrebolada.

Cruz florida o cruz de Cleves.

Cruz botanada.

Cruz empastada o clavada.

Una figura común aparece en este sentido como la Cruz de horquilla, también llamada Cruz de los ladrones.

La Cruz patriarcal, o Cruz de Lorena.

La Cruz papal, o la triple Cruz de los pueblos de Occidente.

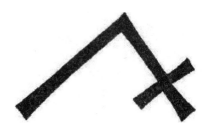

La Cruz quebrada o cruz de pie de cabra.

La Cruz potenzada.

Otra forma de la Cruz potenzada. Muy unida a ésta está la Cruz molina, que se encuentra en dos formas:

La Cruz de ocho puntas de la Iglesia Ortodoxa Rusa. El travesaño inferior representa un escabel.

La Cruz rusa con un escabel inclinado.

La Cruz crosslet, también llamada la Santa Cruz o la Cruz Alemana. Entre los gnósticos, el símbolo de los cuatro misterios.

La Cruz de los Cruzados, o Cruz de Jerusalén.

La Svastika, o Cruz de Fylfot. Derivada de la rueda del Sol,

rompiendo la circunferencia del círculo:

Entre los primeros cristianos, éste, al igual que muchos otros
de los símbolos que siguen, se utilizó como una Cruz disimulada durante las persecuciones. De ahí su nombre *Crux dissi-
mulata*. También se le llamó *Crux gammata*, por el hecho de
estar formada por cuatro gamas griegas.

Una forma elaborada de la Svastika.

La Cruz hueca, o gammadia, llamada así por estar compuesta de cuatro gammas. En estrecha relación con ella está la hermosa insignia de los clubes gimnásticos alemanes:

compuesta por cuatro «F», que significan: «Frisch, fromm, fröhlich, frei». (Fuerte, devoto, alegre y libre).

Esta cruz, tallada en la piedra o pintada en las paredes de las iglesias católicas romanas, indica que han sido consagradas. También se encuentra a veces en forma de Cruz separada dentro de un círculo:

Cruz sagrada romana.

El símbolo egipcio de la vida, la Cruz ansada o Tau en bucle, también llamada la llave del Nilo.

Una Cruz ansada cristiana, derivada del signo egipcio.

La Cruz de ancla era, como la anterior, una Cruz disimulada. En ella vemos la Cruz Tau oculta bajo el símbolo común del Ancla.

Cruz copta, con los cuatro clavos. La Cruz alzada ocupaba un lugar importante en las primeras representaciones cristianas de la Cruz:

La Tierra, sobre la que se erigía la Cruz, está aquí representada por un punto. A veces había seis puntos, que representaban granos de arena:

De una moneda antigua.

La Cruz erigida sobre tres escalones.

La Cruz erigida sobre una columna.

Una Cruz erigida sobre cuatro líneas. La razón de que haya cuatro es difícil de explicar. Podrían simbolizar a los cuatro evangelistas.

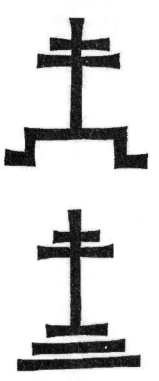

Dos cruces elevadas que también fueron diseñadas como cruces arcangélicas.

Una Cruz alzada con una mano al lado; de una moneda antigua.

3. El monograma de Cristo o Crismón

El monograma del Sol gnóstico. Los trazos de la cruz en los extremos de los rayos representan la bóveda de los cielos.

Crismón compuesto por una «I» y una «X» griega.

La doble cruz es también un símbolo cristiano muy antiguo. Se compone de la «X» griega y de la Cruz.

Una rueda solar pagana muy antigua, interpretada por los cristianos como un crismón. «I»-Jesús, «X»-Cristo.

La doble Cruz en un círculo. Véase arriba.

El signo anterior con un segundo círculo. El exterior puede interpretarse como lo finito, el interior como signo de la Eternidad.

El monograma de Jesús. En lugar de las tres primeras letras griegas de la palabra Jesús, IHC. Más tarde la H fue considerada como una letra latina, y el significado atribuido al monograma pasó a ser: «In hoc signo», es decir, «En este signo».

También denota: «Jesus Hominum Salvator», es decir: «Jesús Redentor de la Humanidad». Una interpretación muy común en Alemania hoy en día es: «Jesús Heil und Seligmacher». (Jesús, Salvador y Redentor).

El crismón más extendido y conocido. Probablemente se desarrolló originalmente a partir de una antigua representación oriental del Sol naciente, en la que, de una manera que nos parece extraña, se muestra la bola del Sol sobre una cruz que representa sus rayos:

de ahí, en una fecha posterior, surgió el signo:

En estrecha relación con éste se encuentra la Cruz ansada:

El llamado Espejo de Venus, el símbolo del planeta Venus:

también está relacionado con un antiguo símbolo oriental para el Sol, formado así:

Según la leyenda el Crismón:

apareció en un sueño al emperador Constantino acompañado de una voz que decía: «Con este signo vencerás». En consecuencia, hizo que el signo fuera blasonado en el estandarte de su bandera. Este estandarte se llama el Lábaro.

El signo está compuesto por las dos letras iniciales griegas del nombre de Cristo: «X» y «P». También se llama *Signum Dei*, y es, posiblemente, como símbolo cristiano, más antiguo que la propia Cruz.

Una forma de crismón que se encuentra con frecuencia, en la que la «P» se simplifica en un gancho. Aquí tenemos una Cruz en lugar de la «X».

Un signo con el que ya nos hemos encontrado como el octograma, que debe considerarse aquí como la intersección de cuatro «X». Representa un crismón oculto.

Dos signos muy utilizados en la Iglesia cristiana desde tiempos muy tempranos, a saber, el Alfa y la Omega, según el pasaje del Apocalipsis: «Yo soy el Alfa y la Omega». Las letras aparecen a menudo con la cruz que procede de ellas. En el siguiente ejemplo, la forma de la Omega ha sido alterada:

Las dos letras se utilizan en conexión con la Cruz de muchas maneras diferentes, de las cuales constituye un buen ejemplo el signo anterior. También se encuentra con frecuencia en conjunción con el Crismón.

Una combinación del Crismón con «I» y «C», *Jesus Soter*, Jesucristo, Salvador.

Aquí la «P» griega ha sido sustituida por la «R» latina.

La Cruz Tau con el Alfa y la Omega. Éste, como muchos otros monogramas que aparecen aquí, está definitivamente relacionado con Cristo.

En este ejemplo se añade la «H» latina, que bien puede significar HOC.

Un hermoso crismón que recuerda a la cruz ansada egipcia. La variedad de estos monogramas es muy grande, y la inventiva mostrada por los primeros cristianos en su diseño es ilimitada.

Monograma de Jesús, bajo un antiguo signo que denota la Redención, o el Espíritu Santo.

La línea sobre el monograma representa el Espíritu Santo también en este ejemplo.

Aquí la «Y» ocupa el lugar de la «I». Esto no era inusual en la Edad Media.

Este signo, al igual que el siguiente, es una evolución del crismón.

A veces se cuestiona si la roseta de esta figura tiene algún significado especial. Una teoría es que la Omega debajo de la rosa debe leerse como una «S» y que el signo significa *Rosa Rosarum*, uno de los nombres por los que se conoce a la Virgen María. En ese caso, también se aclara el significado de la propia rosa.

El signo del pez es un símbolo utilizado desde los primeros tiempos de la cristiandad. Las letras que forman la palabra «pez» en griego, (*Ichthys*), son las letras iniciales de cinco palabras griegas que significan: «Jesucristo, Hijo de Dios, Salvador».

El crismón en conjunción con la palabra griega «pez». El siguiente signo aparece como impresión en las hostias griegas, y significa: «¡Jesucristo, vence!».

El siguiente signo está tomado de un mosaico de las catacumbas. El crismón en tres tamaños diferentes, superpuestos.

4. Otros signos cristianos

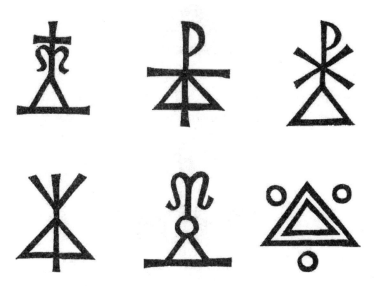

Seis símbolos de la Santísima Trinidad.

En algunos de ellos el Crismón se combina con el triángulo, el signo de Dios padre.

En el último signo, los tres círculos representan las tres Unidades, cada una de las cuales es autónoma y completa en sí misma.

El siguiente signo es un símbolo simple de la Trinidad, y no presenta ninguna dificultad para la mente moderna.

En esta figura las tres Personas de la Trinidad están representadas en los signos más simples que se pueden utilizar.

Un monograma cruciforme compuesto por las palabras griegas para luz (*Phos*) y vida (*Zoe*).

¡Ámate!

Madre de Dios.

En griego: *Meter Theou*, aquí abreviado como *Mer Thu*.

Los trazos sobre este monograma denotan santidad, como en el símbolo convencional de la aureola.

El monograma de María.

Una deliciosa explicación de esta Cruz, a veces llamada la Cruz de ancla, es la siguiente: Cristo, simbolizado por la Cruz, nacido de María, simbolizada por la Luna creciente.

El candelabro de siete brazos, símbolo del Antiguo Testamento.

Éste es otro signo primitivo de la Trinidad.

Cada círculo tiene su propio centro y, por lo tanto, está completo en sí mismo; al mismo tiempo, tiene una gran sección en común con cada uno de los otros círculos, aunque sólo el pequeño escudo central está cubierto por los tres círculos. En este escudo poseen un nuevo punto central, el verdadero corazón de toda la figura.

El símbolo de la fe, la espera paciente de la salvación que viene de lo alto.

El símbolo del Universo. El centro oscuro es el Orbe de Tierra y Agua, la antigua concepción del Mundo, rodeado por el anillo interior del océano aéreo, y el anillo exterior del empíreo.

Dos signos utilizados para exorcizar los espíritus malignos. En el caso de estos dos signos, al igual que con el pentagrama y el octograma, es digno de mención ya que requieren una cierta destreza, y que una persona torpe sería incapaz de dibujarlos.

Ésta es una representación simplificada del Orbe del Mundo. La antigua concepción de la Tierra era que ésta estaba dividida así. El centro del Mundo era Jerusalén, el lugar donde la salvación llegó a la humanidad. La mitad superior del Orbe es Asia. La línea vertical representa el Mar Mediterráneo, a cuya derecha e izquierda se encuentran respectivamente África y Europa.

En el arte cristiano primitivo, el Señor llevaba este orbe en la mano; en épocas posteriores, se cambió por una bola con una cruz.

Otro signo, que también representa el Mundo, que posiblemente pertenece a la misma categoría. Se basa en el cuadrado, y admite muchas interpretaciones.

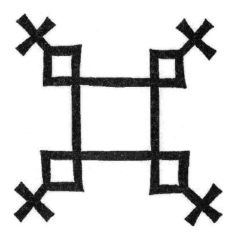

5. El Monograma

El monograma es un signo compuesto por caracteres escritos entrelazados entre sí. Las iniciales latinas, de las que deriva nuestra escritura actual, son signos de la mayor dignidad y sencillez.

Estamos, en general, tan acostumbrados a relacionar la idea de los sonidos con la visión de estas formas, que sólo con cierto esfuerzo podemos disociar las letras de su significado, y pensar en ellas como símbolos.

Lo mismo ocurre con los números arábigos, que, ciertamente, deben su origen a otra parte del mundo, pero con cuyo carácter de signos no estamos familiarizados.

El monograma desempeña un papel importante en el mundo de los signos. Los griegos fueron los inventores originales del monograma, que alcanzó la cima de su gloria en el período bizantino. A veces es difícil interpretar los monogramas, ya que sus letras suelen estar muy disimuladas, o vueltas hacia atrás o sólo parcialmente dibujadas, por lo que a menudo se requiere una gran habilidad para descubrir los nombres ocultos en ellos.

Monograma griego.

Monograma bizantino del nombre Areobindus.

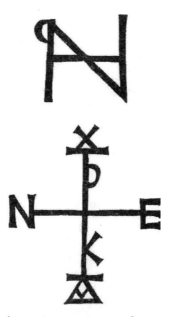

Monogramas bizantinos cuyos nombres se desconocen.

En muchos monogramas bizantinos encontramos la forma genitiva OV. Los documentos de esa época concluían con

nombres en caso genitivo, y el monograma constituía enton-
ces el final del documento.

Un monograma formado con la Cruz Tau cristiana.

Otro monograma que muestra una influencia religiosa; es
muy similar a un crismón ilustrado más atrás.

Este monograma muestra la influencia de la religión cristiana.

El monograma de un hombre con el nombre cristiano Pablo.

El monograma del nombre Johannes.

Arkadius.

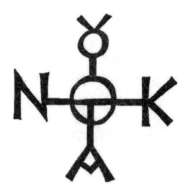

Nikolaus.

Divas in Deo. Que Dios esté con vosotros. Expresión de buena voluntad que se encuentra en las primeras cartas cristianas.

Bene Dalete. Buena salud. Una forma de saludo que se encuentra a menudo al final de los antiguos documentos papales.

Monograma del obispo Arethras de Cesarea.

Monograma de Teodosio II. Período bizantino.

Paleologus.

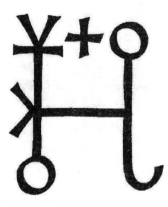

Monograma de Aalfilas, obispo de los godos.

El signo del nombre del emperador Justiniano.

Manuel II.

Pipino el Breve.
La cruz fue dibujada por un escriba, y los puntos añadidos por el rey.

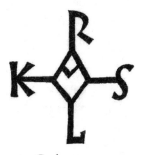

Carlomagno.
La única parte dibujada por el propio emperador fue el rombo del centro, ya que era analfabeto. Un escriba añadió el resto.

Dos signos de Odón el Grande, de los cuales el primero no tiene relación con su nombre.

Los monogramas bizantinos son los ejemplos más bellos que tenemos de diseños compuestos por letras, y en su construcción, todos ellos demuestran una gran habilidad y una seria reflexión. Este capítulo termina con un hermoso monograma imperial bizantino, cuya interpretación es, sin embargo, desconocida.

6. Signos de los canteros

Se trata de los signos con los que los canteros de la Edad Media distinguían su obra terminada.

Se encuentran grabados en muchas catedrales alemanas y otros edificios medievales.

Las logias masónicas eran poderosos gremios de canteros, el principal de los cuales era la logia masónica de Estrasburgo, que tenía autoridad sobre todas las demás logias de todos los países de habla alemana. Los miembros de estos gremios estaban fuertemente unidos en su trabajo. Al principio, estas logias masónicas estaban completamente controladas por la Iglesia, pero pronto se liberaron de la influencia de la religión. Sin embargo, durante mucho tiempo siguieron siendo poderosas sociedades de hombres notables por sus principios y su adhesión a la Iglesia. Al terminar su aprendizaje, el oficial recibía un signo que le otorgaba su maestro. Este signo se tomaba de una llamada figura madre, que difería en cada logia masónica. Estas diferentes figuras madre se basaban en la triangulación y la cuadratura, el trébol y el cuatrifolio. A partir de estos signos podemos saber exactamente de dónde procedían los oficiales errantes que trabajaban en un edificio determinado.

Una conducta vergonzosa podía hacer que un albañil fuera privado de su signo y excluido de su logia, El primer deber de un oficial, cuando llegaba un nuevo maestro, en el curso de sus viajes, era construir el signo de su propia logia madre, ante sus colegas reunidos en la sala de la logia, y explicarlo simbólicamente. Los maestros masones estaban autorizados a incluir sus propios signos en un escudo.

A continuación, mostraremos algunos signos de canteros de diferentes épocas:

Los anteriores son cuatro signos masónicos bizantinos, en realidad monogramas puramente alfabéticos, estrechamente relacionados con los diseños del capítulo anterior.

Seis signos romanos, notables por su hermosa claridad y simplicidad de forma. Para la mente moderna estos signos son típicos de la época vigorosa que los produjo.

Los signos masónicos más comunes son, con mucho, los de los edificios góticos que aún se conservan. A menudo se encuentran en gran profusión, y muestran un ingenio considerable. Las dos páginas siguientes muestran ejemplos de los mismos:

Este capítulo concluye con un signo compuesto por ocho signos subsidiarios, tomados de un calendario francés. Probablemente representa las ocho esquinas de los cielos, formando el conjunto una carta rómbica.

7. Los cuatro elementos

Fuego. Calor seco. Ardiente, colérico.

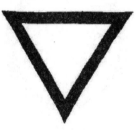

Agua. Líquido frío y húmedo, fluido, flemático.

Aire. Calor húmedo aireado, sanguíneo.

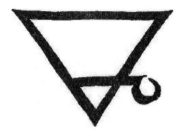

Tierra. Frío seco sólido, melancólico.

Los cuatro elementos desempeñaron un importante papel en todo el misticismo de la Edad Media.

Los cuatro elementos también se simbolizan en un círculo como veremos a continuación:

Fuego.

Agua.

Aire.

Tierra.

Aunque de los signos de la página anterior sólo están claros los dos primeros, a saber, el fuego que arde en las alturas y el agua que se hunde en la tierra, la interpretación de los signos circulares parece más natural para la mente moderna.

8. Signos astronómicos

El símbolo del Sol.

El símbolo de la Luna.

Los símbolos de los planetas son de los más utilizados. Desempeñan un papel importante en la astrología, a la que deben su origen. Están, en su mayoría, compuestos por Cruces, los símbolos de los elementos, y los símbolos del Sol y de la Luna, que, respectivamente, denotan actividad y pasividad.

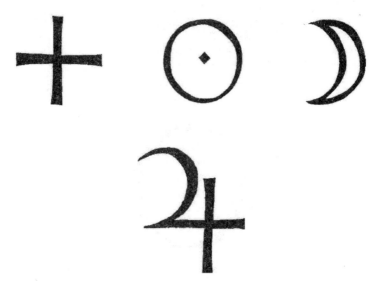

La naturaleza de Júpiter es lunar y domina los elementos. Este símbolo también representa el estaño.

Marte.

Este signo tiene su origen en el signo zodiacal de Aries, que se muestra apuntando en dirección contraria hacia el Sol. Más tarde se cambió por una flecha, que aparentemente apuntaba en dirección contraria al Sol. También es el símbolo del hierro.

Mercurio.

La naturaleza de este planeta es tanto solar como lunar, y domina los elementos. El signo es hermafrodita. También se utiliza para representar el azogue.

Saturno.

Naturaleza lunar, domina los elementos. El plomo está representado por el mismo signo.

Venus

es solar, domina los elementos. También es el signo del cobre.

La Tierra

es solar, y está dominada por los elementos.

Los restantes símbolos planetarios son en gran parte de origen posterior, y surgen de diferentes asociaciones de ideas;

Urano.

Neptuno.

Vesta.

Ceres.

Palas.

Juno.

El signo de Vesta representa un altar con un fuego de sacrifi-
cio. Neptuno está representado por un tridente.

Los signos del zodíaco se identifican con las constelaciones y datan, al igual que los signos planetarios, de tiempos muy remotos. Son comunes a todas las naciones.

Acuario, el portador de agua. Enero.

Piscis, los peces. Febrero.

Aries, el carnero. Marzo.

Tauro, el toro. Abril.

Géminis, los gemelos. Mayo.

Cáncer, el cangrejo. Junio.

Leo, el león. Julio.

Virgo, la virgen. Agosto.

Libra, la balanza. Septiembre.

Escorpio, el escorpión. Octubre.

Sagitario, el arquero. Noviembre.

Capricornio, la cabra. Diciembre.

A medida que el Sol traza su camino a través del firmamento de las estrellas fijas, atraviesa estas constelaciones, y cada mes recibe el nombre de la constelación en la que se encuentra. La posición exacta de las constelaciones se está modificando gradualmente en relación con el año civil, de modo que en la actualidad el comienzo del mes ya no coincide con la entrada del Sol en una nueva constelación. Aproximadamente los dos primeros tercios del mes pertenecen a la constelación anterior, y sólo en el último tercio se mantiene en el mes correspondiente.

Acuario está representado por olas, Aries por cuernos, Tauro por una cabeza de toro, Géminis por dos trazos paralelos. El signo de Cáncer era, originalmente, dos cangrejos enfrentados. En los signos de Leo y Capricornio los contornos recuerdan vagamente a los propios animales; el signo de Virgo es un monograma de la Virgen María. Libra está representado por una balanza con un par de platos. Escorpio puede ser reconocido por su aguijón y Sagitario por su flecha.

Las estaciones del año

Primavera

Verano

Otoño

Invierno

El simbolismo de estos signos no es difícil de entender, ya que ilustran el aumento y la disminución de la vida y, en el caso del invierno, la protección de la casa contra el frío y la nieve.

Por la mañana, el Sol naciente.

La tarde; el Sol que se pone.

Día y noche, luz y oscuridad, apertura y ocultación.

Los romanos nombraron los días de la semana según los planetas, de la siguiente manera

Domingo, *dies solis.*

Lunes, *dies lunae.*

Martes, *dies martis.*

Miércoles, *dies mercurii.*

Jueves, *dies jovis.*

Viernes, *dies veneris.*

Sábado, *dies saturni.*

9. Los signos astrológicos

Se utilizan para elaborar horóscopos claramente definidos, en los que los planetas y los signos del zodíaco se encuentran en relación directa. La elaboración del horóscopo depende, entre otras muchas consideraciones, de la forma en que se encuentran en relación unos con otros. Los planetas se relacionan entre sí:

En conjunción, es decir, a una distancia de 0 grados.

En semisextil, es decir, a 30 grados.

Semicuadratura, o 45 grados.

Sextil, o 60 grados.

Cuadratura, o 90 grados.

Trígono, o 120 grados.

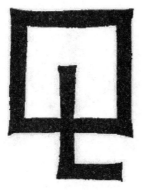

Cuadratura y media, o 135 grados.

Quincuncio, o 150 grados.

Oposición, o 180 grados.

Planeta en estado de retrogradación.

La Luna en nodo ascendente.

La Luna en nodo descendente.

Es imposible, en el presente contexto, profundizar en la Astrología y en la elaboración de horóscopos. Nuestro único interés es el de los signos mismos, que, como en otros casos que he mencionado, han contribuido tan materialmente a la preservación del misterio de esta ciencia oculta. Ellos, sin embargo, poseen una ventaja práctica al proporcionar un método abreviado para expresar ciertas ideas. La importancia de tal abreviación puede verse en las matemáticas. Para el cálculo más ordinario empleamos signos que no ilustramos aquí simplemente porque ya son conocidos por todos, pero que deben ser mencionados en el mismo capítulo que los signos anteriores, con los que están estrechamente relacionados.

10. Signos botánicos

Árbol.

Arbusto.

Planta de hoja perenne.

Cosecha anual.

Cosecha bianual.

Otro símbolo de cosecha bianual.

Flor masculina.

Flor femenina.

Flor hermafrodita.

Planta perniciosa.

Planta venenosa.

Planta muy venenosa, mortal.

11. Símbolos químicos

Los siguientes signos están tomados del antiguo sistema químico. Tres signos filosóficos para:

Azufre. Los elementos combustibles.

Sal. Los metaloides.

Mercurio. Los metales.

Relacionados con estos signos están los de los siete metaloides:

Vitriolo.

Salitre.

Alumbre.

Sal.

Sal amoniacal.

Azufre.

Antimonio.

Entre la gran variedad de signos que se utilizaban en la quími-
ca ancestral, hay muchos que son notablemente bellos.

Aunque el significado de muchos de los signos está casi
olvidado, hay una gran profundidad de sentimiento en su diseño, y en ellos vemos con qué riqueza de ideas emocionales
conectaban nuestros ancestros estas cosas.

Alumbre.

Otra señal para Alumbre.

Amalgama.

Antimonio.

Potasio.

Arsénico.

Otro signo para el arsénico.

Aceite de oliva.

Plomo.

Plomo blanco.

Otro signo para el plomo blanco.

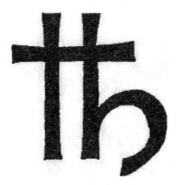

Anglesita.

Hematita.

Bolo.

Bórax.

Alcohol, o espíritu de vino.

Hierro.

Copiapita.

Aceite esencial.

Vinagre.

Vidrio.

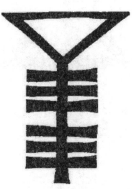

Talco.

Subacetato de cobre.

Subacetato de cristales de cobre.

Orina.

Cal metálica.

Otro signo de cal metálica.

Cal.

Azafrán de cobre.

Vitriolo de hierro.

Azurita, lapislázuli.

Álcali.

Lejía.

Minio.

Oropimente.

Precipitado.

Agua Regia.

Azufre.

Acero.

Sublimado.

Arsénico blanco.

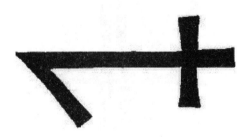

Cera.

Agua.

Vitriolo.

Tártaro.

Estaño.

Madera.

Sublimación.

Precipitación.

Cocción.

12. Marcas y distintivos caseros

Las marcas de la casa eran, al principio, signos privados de los propietarios campesinos, y su uso se limitaba originalmente a sus explotaciones, cuyos bienes muebles se distinguían gracias a la marca de la explotación.

La marca de la explotación se exhibía:

Al ser perforada en los maderos flotantes, que así podían ser clasificados al final de su recorrido.

Al encontrarlas en las orejas de los animales domésticos y en las patas de los palmípedos.

Tatuadas en el pelaje de los caballos.

Pintadas en los sacos y en los vellones de las ovejas.

Talladas en los picos de los cisnes.

Aradas en la superficie de los campos.

Talladas en los árboles y en las varillas que se utilizan para echar suertes.

Bordadas en alfombras y paños.

Perforadas o marcadas en los utensilios de hierro o madera de los implementos agrícolas, respectivamente, y en las pieles de los animales domésticos y en los cuernos del ganado.

Más tarde, estas marcas de la casa pasaron a utilizarse como signos personales y a menudo sufrieron modificaciones por parte de los distintos miembros de la familia. Más tarde se utilizaron como marcas comerciales y marcas de fábrica de artesanos y artistas. La sugerencia de que deben su origen a las Runas sólo debe aceptarse en raros casos.

La forma más sencilla de estas marcas de casa es la compuesta por muescas, y en la mayoría de ellas predominan las líneas rectas. Las curvas se empezaron a utilizar mucho más tarde, y presuponen un método diferente al del recorte y tallado, más propio de la pintura o la escritura.

Diseño en una varilla utilizada para echar suertes.

Las comunidades campesinas de antaño echaban suertes entre ellas para decidir quién debía ser representante para velar por los intereses de sus explotaciones; lo hacían mediante varillas que se introducían en un sombrero y se sorteaban. Estas varillas eran de madera y llevaban las marcas de las casas; a menudo se hacían de nuevo para cada ocasión. Cortadas con ramitas de sauce, todas de la misma longitud, su corteza se tallaba de manera que se viera la madera blanca que había debajo.

A continuación, veamos algunas formas sencillas de estos signos privados:

Los artesanos siguen marcando sus propias herramientas de esta manera. Las insignias de rango en los uniformes entran en la misma categoría. Hay numerosas formas que se repiten constantemente como base de las marcas de las casas y de las explotaciones; a éstas se les ha dado una nomenclatura especial. Esta nomenclatura es de origen considerablemente posterior a los propios signos, y surgió de asociaciones de ideas muy estrechas y elaboradas. No se sabe con certeza si un signo concreto, por ejemplo, representaba una sartén, o si un círculo con una línea vertical unida a él, fue descrito como una sartén cuando fue necesario referirse a ella con palabras.

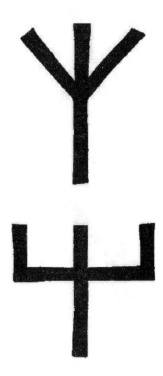

Estas dos formas fueron descritas como horcas.

Escalera de barril.

Torno.

Otro torno.

Molinete.

Otro molinete.

Regla.

Madero macho.

Pala.

Espiga de avena.

Molino de viento.

Otro molino de viento.

Silla.

Casa.

Cuello de cisne.

Montón de estiércol.

Escalera o camilla.

Llave.

Sartén.

Espada.

Flecha.

Rueda de molino.

Doble mayal, o doble gancho.

Herradura.

Ancla.

Otra ancla.

Escuadra de carpintero.

Diente de lobo, o percha.

Pata de gallo, o pata de bruja.

Colgador de ollas.

El reloj de arena.

Medio reloj de arena.

Signo de Hermes.

A menudo este signo se encuentra invertido, como de hecho ocurre con muchos otros signos, pero esto no altera en absoluto su significado.

La forma en que se modificaron estos signos puede ilustrarse mejor con este signo particular, que forma la base de muchas marcas comerciales y signos artesanales.

A continuación, veamos tres variaciones de este signo:

Las siguientes series ilustran la forma en que los distintos miembros de una misma familia adoptaron la marca original de su casa y la modificaron para su propio uso:

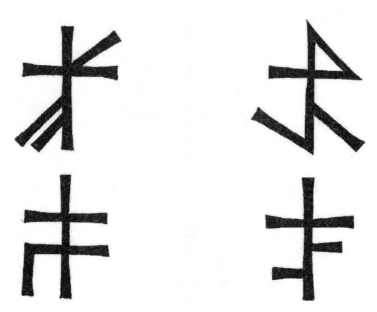

Los signos de cuatro hermanos, basados en la Cruz.

Los signos de un hombre, su hermano y su hijo. El suelo sobre el que se construyen estos signos es un hongo.

Los siguientes signos familiares se basan en el cuadrado:

Que los miembros de una misma familia deseen resaltar su trabajo por medio de un signo particular es muy natural, como también lo es el deseo de cada miembro de la familia de resaltar su propia obra individual. En las series siguientes se ilustra y explica aún más esta idea.

La forma en que las sucesivas generaciones de una misma familia emplean el mismo signo se muestra en la siguiente tabla genealógica;

1. El fundador de la familia. 2. El hijo mayor. 3. El nieto mayor. 4. El segundo nieto. 5. El hijo del nieto mayor. 6, 7 y 8. Los tres hijos del segundo nieto, por orden de antigüedad de de izquierda a derecha.

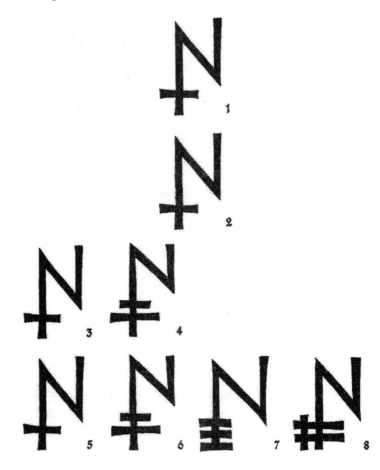

El primer signo se mantiene sin cambios en la línea de primogenitura. Los hijos menores añaden varios trazos al signo original. Este signo vuelve a ser modificado por sus descendientes, excepto en el caso del hijo mayor, que siempre adopta el signo de su padre sin modificaciones.

A continuación, trazaremos los signos de la segunda línea.

En la segunda línea se produce un proceso de modificación similar, con total independencia de cualquier otra línea. En las otras líneas colaterales, y en la cuarta o quincuagésima generación, por supuesto, la acumulación de marcas añadidas comienza a ser confusa; de modo que el proceso no puede llevarse a cabo a lo largo de muchas generaciones.

El segundo hijo, del que desciende la segunda línea.

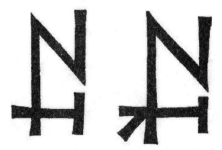

Los nietos de la segunda línea.

El cabeza de familia no tiene hijos.
Los dos hijos del segundo nieto de la segunda línea.

En el caso de todos estos signos, el verdadero signo base original ha sido alterado por medio de trazos adicionales. El principio de modificación por adición se aplica también en otras conexiones. De este modo es posible indicar las diferencias de la manera más sutil, sin destruir la uniformidad.

Cuando estos pequeños trazos añadidos se separaban del signo original, se llamaban contramarcas. Un ejemplo delicioso aparece aquí; los signos son marcas antiguas que denotan diferentes grados de excelencia y finura de los mismos productos, según el mismo principio que en la actualidad se describen los artículos como de primera, segunda o tercera calidad.

Las contramarcas también desempeñaban un papel importante en las marcas comerciales antiguas, y son de varios tipos:

cruces, puntos, anillos, etc. Pertenecen, en su mayoría, a una época posterior.

Algunas de las antiguas marcas de fábrica eran famosas por las personas o familias que las crearon.

Miguel Ángel.

Hans Burgkmair.

Fugger.

Welser.

Peter Discher.

Hans Sachs.

Algunas otras marcas de la casa, principalmente notables por la ingenuidad de sus diseños:

De estas marcas, en tiempos más recientes, se derivaron las primeras divisas de los impresores, la mayoría de los cuales contenían sus nombres de una forma u otra.

13. Signos de diversas procedencias

El signo de Trinacria, o el triskelion. Probablemente deriva de tres triángulos, a cada uno de los cuales se le ha quitado un lado, y que se apoyan en sus vértices. La figura da la impresión de moverse hacia delante a lo largo de una línea imaginaria de tierra, girando alrededor de su punto central. De ahí que, más tarde, se convirtiera en la representación de una criatura que no tiene más que tres patas que corren rápidamente, una detrás de otra.

El triquetrum sustituye con frecuencia al signo anterior y transmite la misma idea de movimiento en forma de rueda.

Este talismán tiene su origen en la concepción gnóstica del mundo. Representa los cuatro elementos. No se sabe nada más de él.

La Luna creciente y menguante, entre las que transcurre el curso de la vida. Este signo simboliza la vasta y determinante influencia de la Luna en la vida del hombre.

Símbolo oriental del peregrinaje del alma a través de la vida: el alma asciende a través de los cuatro cinturones del mundo, o elementos, hasta su purificación, y vuela a través de la oscuridad hacia la luz.

Talismán sarraceno

Cuando se unen dos triángulos de esta manera, la mitad superior del signo se convierte en el triángulo de agua de la bondad, la dulzura y la nobleza, mientras que la mitad inferior es el triángulo de fuego, de la furia de Dios.

Los signos que siguen nos llegan de los primeros pueblos germánicos, y no se sabe nada más de ellos:

161

La Cruz del Sol o Cruz de Wotan.

La rueda de ocho radios.

El ojo del dragón.

El ojo de fuego.

El signo de las Cortes Uránicas, o la figura de ocho ángulos.

Añadimos ahora algunos signos que no son más que imágenes muy simplificadas, y como tales no requieren mayor explicación.

La Ola.

Agua corriente.

El antiguo signo del lirio, que se encuentra con frecuencia en los escudos de armas; su parte superior está formada por la flor de lis.

El lirio de Cleves, la mitad superior de la flor de lis. Esta figura también se encuentra en los escudos de armas.

El símbolo del pastor y del obispo, el báculo.

El símbolo de la realeza, la corona.

No fue hasta más tarde cuando se empezó a distinguir entre diferentes tipos de coronas.

En los calendarios antiguos, tres coronas representaban a los tres Reyes Magos.

Tres flechas unidas; el signo de la unidad.

La ciudad.

La destrucción de la ciudad.

Ya se han dado ejemplos de cómo se indica la destrucción: invirtiendo la figura.

El esquema simplificado de una jarra.

En su forma más simple, la estrella tiene muchas formas.

La estrella de tres puntas es poco frecuente y, de hecho, casi no parece una estrella.

La estrella de cuatro puntas es cruciforme y es un fenómeno que conlleva una advertencia grave y solemne.

La estrella de cinco puntas tiene muchas interpretaciones. La impresión que deja es alegre y feliz.

La estrella de seis puntas lleva el mismo mensaje urgente que la estrella de cuatro puntas, aunque es más rica y completa. Ésta es la verdadera estrella, y es la que más se acerca a la concepción general de una estrella.

En la estrella de siete puntas se repiten los atributos de la estrella de cinco puntas, y en la estrella de ocho puntas los de las estrellas de cuatro y seis puntas.

14. Runas

Ya en el siglo II, los godos aprendieron a reconocer la cultura griega y diseñaron una serie de signos derivados de la escritura cursiva griega y latina. A estos signos los llamamos Runas.

Siguiendo el ejemplo de los griegos, dieron a cada signo un nombre sonoro. Las formas de las letras se ajustaban a su modo de escritura y a los usos que le daban. La mayoría de sus inscripciones eran rayadas o talladas; por lo tanto, las runas tienen una forma casi totalmente rectilínea, donde predominan las líneas verticales.

En el siglo IV, el conocimiento de las runas se extendió a Alemania y otros países teutones. En Escandinavia, las runas seguían utilizándose parcialmente en los siglos XVII y XVIII.

La magia de las runas era peculiar de Alemania del Norte, y sólo tenemos información muy fragmentaria sobre ella. Allí la runa representaba al objeto que le daba nombre; el carácter rúnico se convertía en el propio objeto, y con ella podían trabajarse el bien y el mal. Las propiedades mágicas de cada runa sólo eran conocidas por muy pocos.

Así ↑ debía traer la victoria, ✕ protegía contra la copa envenenada, ▷ inducía a la locura. Las runas rayadas en un recipiente para beber traían el olvido a quien bebiera de él. Una copa llena de bebida envenenada se alteraba si las Runas rayadas en ella eran benignas. Un buen ejemplo de mago rúnico fue el bardo escandinavo Egill. Adivinó que las Runas que se hallaban debajo del lecho de una damisela enferma eran el origen de su enfermedad. Las desenterró y talló en su lugar runas benignas.

Ya en el siglo XIV se difundieron ordenanzas episcopales contra la magia de las runas.

Para fines de adivinación, las runas sólo se utilizaban indirectamente: se creía que los muertos podían ser despertados por medio de la magia de las runas, y que podían predecir el futuro.

Feu: Ganado.

Ur: Bisonte.

Thurs: Gigante.

Ansur: Ansa, Dios.

Rad: Rueda de carro.

Ken: Antorcha.

Geofu: Regalo.

Wynn: Confort.

Hagall: Saludo.

Nied: Necesidad, esclavitud.

Is: Hielo.

Jara: Año.

Peorth.

Yr: Tejo, muerte.

Ilhs: Alce.

Sygil: Sun.

Tir: Honor, el dios Tyr.

Biarkan: Abedul.

Foh: Caballo.

Man: Humanidad, hombre.

Lagu: Agua, Mar.

Ing: el dios Ing.

Dag: Día.

Ogal: Posesión.

Las runas se utilizaban frecuentemente al revés, y sus ángulos se redondeaban ocasionalmente en forma de curvas.

Recientemente se han hecho grandes esfuerzos para demostrar que las Runas fueron muy utilizadas por los antiguos germanos, y se les ha dado un lugar más prominente en la historia de esa nación de lo que parecen merecer.

En muchos de los signos ilustrados en este libro puede rastrearse claramente la influencia nórdica; pero las formas básicas, con su riqueza de significado y simbolismo, nos remiten indudablemente a las oscuras y remotas épocas de la Humanidad en los países del Lejano Oriente de este mundo.

Índice

¿Cuál es el poder de los colores? ¿Cómo actúan sobre nuestra conciencia profunda? ¿Cuál es la situación creativa del hombre en nuestra sociedad actual? **Kandinsky** contempla la vida **espiritual** de la humanidad como una pirámide, y el artista debe conducir al profano hasta la cima de esta pirámide a través del ejercicio conmovedor del **arte**.

De lo espiritual en el arte es, ante todo, la respuesta personal de un gran artista ante las dificultades de su oficio y la necesidad de perfilar un esquema teórico en el cual apoyarse. Escrito en el año 1910, cuando Kandinsky justo acababa de pintar su primer cuadro abstracto, este libro es uno de los textos teóricos imprescindibles que cambiaron el curso del **arte moderno**.